Muttersprache plus

7/8

Leseheft
Balladen

Erarbeitet von
Sabine Mähring

Illustriert von Christiane Grauert

Cornelsen

Textquellenverzeichnis

S.6–12 Friedrich Schiller: Der Taucher. Aus: Ders.: Sämtliche Werke, Bd. 1. Hrsg. v. Gerhard Fricke und Herbert G. Göpfert. Carl Hanser, München 1980. **S.16** Heinz Erhardt: Der Tauchenichts. Aus: Ders. Die Gedichte. Lappan Verlag in der Carlsen Verlag GmbH, Oldenburg/Hamburg 2015, S.207. **S.18–20** Gustav Schwab: Der Reiter und der Bodensee. Aus: Badisches Sagenbuch. Hrsg. v. Arthur Schnezler. Karlsruhe, Creuzbauer und Kasper, 1846, S.11–13. **S.23–24** Friedrich Hebbel: Das Kind am Brunnen. Aus: Quelle: Deutsche Balladen, Carl Hanser Verlag, München 1985, S.198–199. **S.28** Adelbert von Chamisso: Das Riesenspielzeug. Nord-Süd-Verlag, Hamburg 1978. **S.28** Gustav Schwab: Der Reiter und der Bodensee. Aus: Deutsche Balladen, Carl Hanser Verlag, München 1985. **S.31–32** Ludwig Bechstein: Das Riesenspielzeug. Aus: Deutsches Sagenbuch. Erstausgabe 1853. Deutsche Märchen und Sagen. Hrsg. v. Hans-Jörg Uther. Berlin, Directmedia Publishing, S.8352 f. **S.33–35** Wilhelm Busch: Das brave Lenchen. Aus: Ders.: Werke. Historisch-kritische Gesamtausgabe, Bd. 2. Hrsg. v. Friedrich Bohne. Hamburg 1959, S.363–370. **S.39–41** Theodor Fontane: John Maynard. Aus: Deutsche Balladen, Carl Hanser Verlag, München 1985. **S.44–45** Reinhard Mey: Die Ballade vom Pfeifer. © edition reinhard mey GmbH, Schwalmtal **S.47–49** Michael Ende: Die Ballade vom Seiltänzer Felix Fliegenbeil. Aus: Das große Michael-Ende-Vorlesebuch. Verlag Thienemann, Stuttgart 2015, S.125–129. **S.53–54** Kristina Dunker: Aus: Kohlenkönige und Emscherkinder. Das große Buch der Ruhrgebietsballaden. Hrsg. v. Werner von Weilheim, Michael Hüter. Henselowsky u. Boschmann, Bottrop 2015.

Bildquellenverzeichnis

14 stock.adobe.com/Zacarias da Mata – **22** stock.adobe.com/Sergey Kohl – **29** stock.adobe.com/Jeanluc – **30** stock.adobe.com/Volodymyr Shevchuk – **32** stock.adobe.com/wowinside – **37** stock.adobe.com/Sergey Kohl – **53** stock.adobe.com/PattySia.

Redaktion: Annika Wiedemann, Leipzig; Sandra Wuttke-Baschek, Recklinghausen
Illustrationen: Christiane Grauert, Milwaukee
Umschlaggestaltung: werkstatt für gebrauchsgrafik, Garding
Umschlagillustration: Dorina Tessmann, Berlin
Layoutentwicklung: werkstatt für gebrauchsgrafik, Garding
Technische Umsetzung: Straive

www.cornelsen.de

Dieses Werk berücksichtigt die Regeln der reformierten Rechtschreibung und Zeichensetzung.

1. Auflage, 1. Druck 2022

© 2022 Cornelsen Verlag GmbH, Berlin

Druck: AZ Druck und Datentechnik GmbH, Kempten

ISBN 978-3-06-063372-2

PEFC zertifiziert
Dieses Produkt stammt aus nachhaltig bewirtschafteten Wäldern und kontrollierten Quellen.

PEFC
PEFC/04-31-2260

www.pefc.de

Inhaltsverzeichnis

Balladen erzählen Geschichten ...

aber nicht in der uns vertrauten Erzählform, sondern in Versen, Strophen und in Reimen. Eine Ballade wirkt auf uns zunächst wie ein Gedicht, aber Gedichte spiegeln Gefühle und Gedanken wieder, Balladen berichten von Geschehnissen, die häufig dramatisch und erschütternd sind. In vielen Balladen finden Gespräche statt, Dialoge und Monologe, also Gespräche mit anderen oder das „lyrische Ich" spricht mit sich selbst. Man könnte diese Balladen als Theaterstücke aufführen.

Die Textart „Ballade" ist schon einige Jahrhunderte alt und immer noch beliebt, nicht nur bei den Leserinnen und Lesern, sondern auch bei zeitgenössischen Autorinnen und Autoren sowie bei Liedermacherinnen und Liedermachern. Moderne Balladen sind häufig Sozialballaden, die Ungerechtigkeiten und Missstände anprangern. Auch Liebesballaden sind eine besondere Form der Lyrik.

Als Ende des 19. Jahrhunderts Maschinen erfunden wurden, die den Übergang von der bäuerlichen in die Industriegesellschaft einleiteten, wurde der technische Fortschritt oft noch mit Misstrauen betrachtet. Die Technik war noch nicht ausgereift und Unglücke passierten. Manche Ballade erzählt eine Geschichte, die auf einer wahren Begebenheit, wie zum Beispiel einem Zug- oder Schiffsunglück oder einem Brückeneinsturz, beruht.

Zu Zeiten von Goethe und Schiller, also im 18. Jahrhundert, wurden Schicksals- und Heldenballaden geschrieben, die tugendhaftes Verhalten vermitteln wollten. Oft kamen in diesen Balladen Götter, Geister und Naturgewalten vor.

Nun tauche ein in die Welt der Balladen und lasse dich berühren vom Schicksal der Frauen und Männer, die manchmal Heldinnen und Helden und manchmal nur Handelnde sind.

1 Lies die folgende Ballade, die 1797 von Friedrich Schiller
geschrieben wurde. Sie handelt von einem König, der mit seinem
Hofstaat unterwegs ist. Sie machen Rast auf einer Klippe ober-
halb des Meeres, als dem König eine sonderbare Idee kommt.

Friedrich Schiller

Der Taucher

„Wer wagt es, Rittersmann oder Knapp,
Zu tauchen in diesen Schlund?
Einen goldnen Becher werf ich hinab,
Verschlungen schon hat ihn der schwarze Mund.
5 Wer mir den Becher kann wieder zeigen,
Er mag ihn behalten, er ist sein Eigen."

Der König spricht es und wirft von der Höh
Der Klippe, die schroff und steil
Hinaushängt in die unendliche See,
10 Den Becher in der Charybde[1] Geheul.
„Wer ist der Beherzte, ich frage wieder,
Zu tauchen in diese Tiefe nieder?"

Und die Ritter, die Knappen um ihn her
Vernehmen's und schweigen still,
15 Sehen hinab in das wilde Meer,
Und keiner den Becher gewinnen will.
Und der König zum dritten Mal wieder fraget:
„Ist keiner, der sich hinunterwaget?"

Das Meer ist an dieser Stelle besonders gefährlich. Keiner der
20 *tapferen Ritter wagt es, ins Wasser zu springen und den*
goldenen Becher herauszuholen, den der König hineingeworfen
hat. Nur ein Knappe, ein junger Mann, der von einem Ritter in
der Waffenkunst ausgebildet wird, ist so wagemutig, es zu tun.

---

[1] *Charybdis:* Meeresungeheuer aus der griechischen Sagenwelt

Doch alles noch stumm bleibt wie zuvor,
25 Und ein Edelknecht, sanft und keck,
Tritt aus der Knappen zagendem Chor,
Und den Gürtel wirft er, den Mantel weg,
Und alle die Männer umher und Frauen
Auf den herrlichen Jüngling verwundert schauen.

30 Und wie er tritt an des Felsen Hang
Und blickt in den Schlund hinab,
Die Wasser, die sie hinunterschlang,
Die Charybde jetzt brüllend wiedergab,
Und wie mit des fernen Donners Getose
35 Entstürzen sie schäumend dem finstern Schoße.

Und es wallet und siedet und brauset und zischt,
Wie wenn Wasser mit Feuer sich mengt,
Bis zum Himmel spritzet der dampfende Gischt,
Und Flut auf Flut sich ohn' Ende drängt,
40 Und will sich nimmer erschöpfen und leeren,
Als wollte das Meer noch ein Meer gebären.

Doch endlich, da legt sich die wilde Gewalt,
Und schwarz aus dem weißen Schaum
Klafft hinunter ein gähnender Spalt,
45 Grundlos, als ging's in den Höllenraum,
Und reißend sieht man die brandenden Wogen
Hinab in den strudelnden Trichter gezogen.

Jetzt schnell, eh die Brandung wiederkehrt,
Der Jüngling sich Gott befiehlt,
50 Und – ein Schrei des Entsetzens wird rings gehört,
Und schon hat ihn der Wirbel hinweggespült,
Und geheimnisvoll über dem kühnen Schwimmer
Schließt sich der Rachen, er zeigt sich nimmer.

In einem Moment, in dem sich das Meer zurückzieht, springt der
55 *Knappe ins Wasser. Die Anwesenden sind entsetzt, glauben sie*
doch, dass der Jüngling den Tod finden wird.

Und stille wird's über dem Wasserschlund,
In der Tiefe nur brauset es hohl,
Und bebend hört man von Mund zu Mund:
60 „Hochherziger Jüngling, fahre wohl!"
Und hohler und hohler hört man's heulen,
Und es harrt noch mit bangem, mit schrecklichem Weilen.

Und wärfst du die Krone selber hinein
Uns sprächst: Wer mir bringet die Kron,
65 Er soll sie tragen und König sein –
Mich gelüstete nicht nach dem teuren Lohn.
Was die heulende Tiefe da unter verhehle,
Das erzählt keine lebende glückliche Seele.

Wohl manches Fahrzeug, vom Strudel gefasst,
70 Schoss jäh in die Tiefe hinab,
Doch zerschmettert nur rangen sich Kiel und Mast,
Hervor aus dem alles verschlingenden Grab.
Und heller und heller, wie Sturmes Sausen,
Hört man's näher und immer näher brausen.

75 Und es wallet und siedet und brauset und zischt,
Wie wenn Wasser mit Feuer sich mengt,
Bis zum Himmel spritzet der dampfende Gischt,
Und Well auf Well sich ohn Ende drängt,
Und wie mit des fernen Donners Getose
80 Entstürzt es brüllend dem finstern Schoße.

Und sieh! aus dem finster flutenden Schoß,
Da hebet sich's schwanenweiß
Und ein Arm und ein glänzender Nacken wird bloß,
Und es rudert mit Kraft und mit emsigem Fleiß,
85 Und er ist's, und hoch in seiner Linken
Schwingt er den Becher mit freudigem Winken.

*Der Jüngling taucht wieder auf und bringt dem König den
goldenen Becher zurück. Er berichtet voller Grauen von den
schrecklichen Ungeheuern, die er unter Wasser gesehen hat.*

90 Und atmete lang und atmete tief
Und begrüßte das himmlische Licht.
Mit Frohlocken es einer dem andern rief:
„Er lebt! Er ist da! Es behielt ihn nicht!
Aus dem Grab, aus der strudelnden Wasserhöhle
95 Hat der Brave gerettet die lebende Seele."

Und er kommt, es umringt ihn die jubelnde Schar,
Zu des Königs Füßen er sinkt,
Den Becher reicht er ihm kniend dar,
Und der König der lieblichen Tochter winkt,
100 Die füllt ihn mit funkelndem Wein bis zum Rande,
Und der Jüngling sich also zum König wandte:

„Lange lebe der König! Es freue sich,
Wer da atmet im rosigten Licht
Da unten aber ist's fürchterlich,
105 Und der Mensch versuche die Götter nicht
Und begehre nimmer und nimmer zu schauen,
Was sie gnädig bedeckten mit Nacht und Grauen.

Es riss mich hinunter blitzesschnell –
Da stürzt mir aus felsigem Schacht
110 Wild flutend entgegen ein reißender Quell:
Mich packte des Doppelstroms wütende Macht,
Und wie einen Kreisel mit schwindelndem Drehen
Trieb mich's um, ich konnte nicht widerstehen.

Da zeigte mir Gott, zu dem ich rief
115 In der höchsten schrecklichen Not,
Aus der Tiefe ragend ein Felsenriff,
Das erfasst ich behänd und entrann dem Tod –
Und da hing auch der Becher an spitzen Korallen,
Sonst wär er ins Bodenlose gefallen.

120 Denn unter mir lag's noch, bergetief,
In purpurner Finsternis da,
Und ob's hier dem Ohre gleich ewig schlief,
Das Auge mit Schaudern hinuntersah,
Wie's von Salamandern und Molchen und Drachen
125 Sich regt' in dem furchtbaren Höllenrachen.

Schwarz wimmelten da, in grausem Gemisch,
Zu scheußlichen Klumpen geballt,
Der stachligte Roche, der Klippenfisch,
Des Hammers gräuliche Ungestalt,
130 Und dräuend² wies mir die grimmigen Zähne
Der entsetzliche Hai, des Meeres Hyäne.

Und da hing ich und war's mit Grausen bewusst,
Von der menschlichen Hilfe so weit,
Unter Larven die einzige fühlende Brust,
135 Allein in der grässlichen Einsamkeit,
Tief unter dem Schall der menschlichen Rede
Bei den Ungeheuern der traurigen Öde.

² *dräuend:* drohend

Und schaudernd dacht ich's, da kroch's heran,
Regte hundert Gelenke zugleich,
140 Will schnappen nach mir – in des Schreckens Wahn
Lass ich los der Koralle umklammerten Zweig;
Gleich fasst mich der Strudel mit rasendem Toben,
Doch es war mir zum Heil, er riss mich nach oben."

Der Knappe schildert die glücklichen Umstände, die ihn überleben
145 *ließen: Der Becher war an einer Koralle hängengeblieben und ein*
Strudel hatte ihn, den Taucher, nicht nach unten gezogen,
sondern an die Meeresoberfläche geschleudert.

Der König darob sich verwundert schier
Und spricht: „Der Becher ist dein,
150 Und diesen Ring noch bestimm ich dir,
Geschmückt mit dem köstlichsten Edelgestein,
Versuchst du's noch einmal und bringst mir Kunde,
Was du sahst auf des Meeres tiefunterstem Grunde."

Das hörte die Tochter mit weichem Gefühl,
155 Und mit schmeichelndem Munde sie fleht:
„Lasst, Vater, genug sein das grausame Spiel!
Er hat Euch bestanden, was keiner besteht,
Und könnt Ihr des Herzens Gelüsten nicht zähmen,
So mögen die Ritter den Knappen beschämen."

160 *Der König will nun wissen, wie es auf dem Meeresgrund aussieht.*
Obwohl seine Tochter ihn bittet, das „grausame Spiel" zu
beenden, schleudert er den Becher noch einmal ins Wasser und
verspricht dem Knappen, dass er die Königstochter heiraten darf,
wenn er den Becher noch einmal zurückbringt.

165 Drauf der König greift nach dem Becher schnell,
In den Strudel ihn schleudert hinein:
„Und schaffst du den Becher mir wieder zur Stell,
So sollst du der trefflichste Ritter mir sein
Und sollst sie als Ehegemahl heut noch umarmen,
170 Die jetzt für dich bittet mit zartem Erbarmen."

Da ergreift's ihm die Seele mit Himmelsgewalt,
Und es blitzt aus den Augen ihm kühn,
Und er siehet erröten die schöne Gestalt
Und sieht sie erbleichen und sinken hin –
175 Da treibt's ihn, den köstlichen Preis zu erwerben,
Und stürzt hinunter auf Leben und Sterben.

Wohl hört man die Brandung, wohl kehrt sie zurück,
Sie verkündigt der donnernde Schall –
Da bückt sich's hinunter mit liebendem Blick:
180 Es kommen, es kommen die Wasser all,
Sie rauschen herauf, sie rauschen nieder,
Den Jüngling bringt keines wieder.

2 Nummeriere die Strophen und schreibe auf:

Schillers Ballade „Der Taucher" umfasst _____ Strophen.

Jede Strophe hat _____ Verse.

3 Untersuche das Reimschema und schreibe auf, welche Verse sich innerhalb einer Strophe reimen:

a / _____ / _____ / _____ / _____ / _____

4 Gib den Inhalt der Ballade in kurzen Sätzen wieder.

Strophen 1–3: _____

_____

Strophen 4–8: _____

_____

Strophen 9–12: _____

_____

Strophen 13–16: _____

_____

Strophen 17–22: _____

_____

Strophen 23–25: _____

_____

Strophe 26 – Ende: _____

_____

5 In der 6. und 7. Strophe wird das Meer sehr bildhaft beschrieben. Wie stellst du dir das Meer nach dieser Beschreibung vor? Finde eigene Worte.

Ich stelle mir das Meer vor wie _____

_____

6 In der Ballade sprechen drei Einzelpersonen. Diese sind:

_____

7 Unterstreiche die Zeilen, in denen gesprochen wird. Verwende dabei für jede der Personen eine eigene Farbe.

8 In zwei Strophen gibt es wörtliche Rede, die nicht einer Einzelperson zugeordnet werden kann. Nenne diese Strophen und unterstreiche diese Reden in einer weiteren Farbe.

Dies sind die beiden Strophen:

_____

Die Redner sind:

_____

9 Im Internet findet man die Ballade „Der Taucher" vorgetragen von Oskar Werner.

a Hört euch seinen Vortrag an und lest die Zeilen mit.

b Beschreibt, wie er die Textstellen spricht, in denen das Meer geschildert wird.

c Beschreibt, wie er die wörtliche Rede des Tauchers gestaltet.

1 Ein bekannter und längst verstorbener Komiker, Heinz Erhardt
(1909–1979), hat eine eigene Version frei nach Schillers
„Der Taucher" geschrieben. Lies diese Fassung.

Heinz Erhardt

Der Tauchenichts

„Wer wagt es, Knappersmann oder Ritt,
zu schlunden in diesen Tauch?
Einen güldenen Becher habe ich mit,
den werf ich jetzt in des Meeres Bauch!
5 Wer ihn mir bringt, ihr Mannen und Knaben,
der soll meine Tochter zum Weibe haben!"
    Der Becher flog.
    Der Strudel zog
    ihn hinab ins gräuliche Tief.
10   Die Männer schauten,
      weil sie sich grauten,
        weg. – Und abermals der König rief:
„Wer wagt es, Knippersmann oder Ratt,
zu schlauchen in diesen Tund?
15 Wer's wagt – das erklär ich an Eides statt –
darf küssen mein's Töchterleins Mund!
Darf heiraten sie und mein Land verwalten!
Und auch den Becher darf er behalten!"
    Da schlichen die Mannen
20   und Knappen von dannen.
      Bald waren sie alle verschwunden – – –
      Sie wussten verlässlich:
      Die Tochter ist grässlich! –
      Der Becher liegt heute noch unten …

2 Nenne die Gemeinsamkeiten zwischen Schillers Ballade und
Erhardts Version.

3 Die Texte unterscheiden sich nicht nur in der Länge.
Beschreibe den wesentlichen inhaltlichen Unterschied.

---

4 Schiller benutzte Metaphern, er umschreibt das Meer mit
verschiedenen Bildern. Erhardt verwendet ein anderes Stilmittel.
Erläutere dies mithilfe von zwei Beispielen.

---

5 Schillers Ballade handelt von einem heldenmütigen Jüngling,
der seiner Liebe zur Königstochter wegen erneut in das tosende
Meer springt und mit dem Tod gestraft wird, weil er die Götter
herausgefordert hat.
Sprecht in der Klasse darüber, welches Motiv Heinz Erhardt
gehabt haben könnte, eine Spaßversion der tragischen Ballade
zu schreiben.

1 Lies die Ballade, die Gustav Schwab 1826 verfasst hat. Sie handelt von einem Mann, der an einem Wintertag sehr schnell ans andere Ufer des Bodensees gelangen muss. Er möchte ein Schiff nehmen und mit diesem ans gegenüberliegende Ufer fahren. Es kommt jedoch anders …

Gustav Schwab

Der Reiter und der Bodensee

Der Reiter reitet durchs helle Tal,
aufs Schneefeld schimmert der Sonne Strahl.

Er trabet im Schweiß durch den kalten Schnee,
er will noch heut an den Bodensee.

5 Noch heut mit dem Pferd an den sichern Kahn,
will drüben landen vor Nacht noch an

Auf schlimmem Weg über Dorn und Stein,
er braust auf rüstigem Ross feldein.

Aus den Bergen heraus, ins ebene Land,
10 sieht er den Schnee sich dehnen wie Sand.

Weit hinter ihm schwindet Dorf und Stadt,
der Weg wird eben, die Bahn wird glatt.

In weiter Fläche kein Bühl, kein Haus,
die Bäume gingen, die Felsen aus.

15 So flieget er hin eine Meile und zwei,
er hört in den Lüften der Schneegans Schrei;

Es flattert das Wasserhuhn empor,
nicht anderen Laut vernimmt sein Ohr.

Keinen Wandersmann sein Auge schaut,
20 der ihm den rechten Pfad vertraut.

Fort geht's, wie auf Samt, auf dem weichen Schnee.
Wann rauscht das Wasser? Wann glänzt der See?

Da bricht der Abend, der frühe, herein,
von Lichtern blinket ein ferner Schein.

25 Es hebt aus den Nebeln sich Baum an Baum,
und Hügel schließen den weiten Raum.

Er spürt auf dem Boden Stein und Dorn,
dem Rosse gibt er den scharfen Sporn.

Und Hunde bellen empor am Pferd,
30 und es winkt im Dorf ihm der warme Herd.

„Willkommen am Fenster, Mägdelein,
an den See, an den See, wie weit mag's sein?"

Die Maid, die staunet den Reiter an:
„Der See liegt hinter dir und der Kahn.

35 Und deckt' ihn die Rinde mit Eis nicht zu,
ich spräch', aus dem Nachen stiegest du.

Der Fremde schaudert, er atmet schwer:
„Dort hinten die Ebene, die ritt ich her!"

Da recket die Magd die Arm' in die Höh:
40 „Herr Gott, so rittest du über den See!

An den Schlund, an die Tiefe bodenlos
Hat gepocht des rasenden Hufes Stoß!

45 Und unter dir zürnten die Wasser nicht?
Nicht krachte hinunter die Rinde dicht?

Und warst nicht die Speise der stummen Brut,
der hungrigen Hecht' in der kalten Flut?"

Sie rufet das Dorf herbei zu der Mär,
50 es stellen die Knaben sich um ihn her;

Die Mütter, die Greise, sie sammeln sich:
„Glückseliger Mann, ja segne du dich!

Herein zum Ofen, zum dampfenden Tisch,
brich mit uns das Brot und iss vom Fisch!"

55 Der Reiter erstarret auf seinem Pferd,
er hat nur das erste Wort gehört.

Es stocket sein Herz, es sträubt sich sein Haar,
dicht hinter ihm grinst noch die grause Gefahr.

Es siehet sein Blick nur den grässlichen Schlund,
60 sein Geist versinkt in den schwarzen Grund.

Im Ohre donnert's wie krachend Eis,
wie die Well' umrieselt ihn kalter Schweiß.

Da seufzt er, da sinkt er vom Ross
herab,
65 da ward ihm am Ufer ein trocken Grab.

2 Beantworte die W-Fragen:

– Wer ist die Hauptperson in dieser Ballade?

– Wo handelt die Geschichte?

_____

– Welche Jahreszeit ist es?

_____

– Was wissen wir über die Hauptperson?

_____

_____

– Was erfährt er von der Magd?

_____

_____

– Warum ruft die Magd die Dorfbewohner herbei?

_____

_____

3 Erläutere das tragische Ende der Ballade.

Die Ballade endet mit _____

_____

4 Die Ballade von Gustav Schwab hat einen historischen Hinter-
grund. Es ist überliefert, dass am 5. Januar 1573 ein Postvogt
namens Andreas Egglisperger mit seinem Pferd den zugefrorenen
Bodensee überquerte. An dieses Ereignis erinnert ein Brunnen in
Überlingen, der von dem bekannten süddeutschen Bildhauer
Peter Lenk geschaffen wurde.
Suche im Internet nach einem Bild von diesem Brunnen.

5 Ganz selten (zuletzt im Winter 1962/63) geschieht es, dass der Bodensee an der Oberfläche gefriert. Die Einheimischen nennen dieses Ereignis „Seegfrörne". Lies den Sachtext.

Ablauf einer Seegfrörne

Es müssen viele Faktoren zusammenspielen, damit der gesamte Bodensee im Januar/Februar zugefriert und die Eisdecke so dick ist, dass man sie betreten kann, damit also eine „Seegfrörne" stattfindet, wie es im einheimischen alemannischen Dialekt
5 heißt. Der Sommer und der Herbst müssen kühl und sonnenarm gewesen sein, deutlich kühler als die sonst übliche Durchschnittstemperatur. Dazu muss der Winter früh beginnen und kalte Luftmassen müssen von Osten herbeiströmen. Der Wasserstand muss niedrig sein und es muss über längere Zeit hinweg Dauerfrost
10 herrschen. Der Bodensee wird von dem Fluss Rhein durchströmt und ist unterschiedlich tief: Im flachsten Teil im verzweigten Untersee ist das Wasser 22 bis 26 Meter, im Obersee bis zu 250 Meter tief. Bei der letzten „Seegfrörne" im Jahr 1963 konnte festgestellt werden, dass die Eisbildung zunächst im Untersee be-
15 gann. Erst zwei bis drei Wochen später gefror auch die Oberfläche des breiteren und tieferen Obersees. Dort wurde die Eisschicht nur bis zu 20 Zentimeter dick, an den flachsten Stellen im Untersee bis zu einem Meter. Von Februar bis Mitte März konnte man auf mehreren Wegen und auf vielfältige Art und Weise den See
20 überqueren, zu Fuß, mit dem Pferd bis hin zur Autofahrt, und sogar Sportflugzeuge landeten auf dem Eis.

6 Fasse mit eigenen Worten zusammen, wie so eine „Seegfrörne" entstehen kann.

7 In Anlehnung an die Ballade „Der Reiter und der Bodensee" ist eine Redewendung entstanden. Man bezeichnet etwas als einen „Ritt über den Bodensee", wenn man … Vervollständige den Satz mit deiner Vermutung.

Die Ballade vom Kind am Brunnen wurde von
Christian Friedrich Hebbel zwischen 1829 und
1863 geschrieben. Überliefert ist, dass Hebbels
Sohn Max als Kind verstarb. Vielleicht war
diese persönliche Erfahrung der Anlass für das
Verfassen der Ballade, in der die Erzählerin
oder der Erzähler mehrfach die Frau Amme
ruft, die sich um das Kind kümmern soll.

1 Lies den Text bis zum Vers 24.

Christian Friedrich Hebbel

Das Kind am Brunnen (Teil 1)

Frau Amme[1], Frau Amme, das Kind ist erwacht!
Doch die liegt ruhig im Schlafe.
Die Vöglein zwitschern, die Sonne lacht,
Am Hügel weiden die Schafe.

5 Frau Amme, Frau Amme, das Kind steht auf,
Es wagt sich weiter und weiter!
Hinab zum Brunnen nimmt es den Lauf,
Da stehen Blumen und Kräuter.

Frau Amme, Frau Amme, der Brunnen ist tief!
10 Sie schläft, als läge sie drinnen.
Das Kind läuft schnell, wie es nie noch lief,
Die Blumen locken's von hinnen.

Nun steht es am Brunnen, nun ist es am Ziel,
Nun pflückt es die Blumen sich munter;
15 Doch bald ermüdet das reizende Spiel,
Da schaut's in die Tiefe hinunter.

[1] *die Amme:* Kindermädchen

Und unten erblickt es ein holdes Gesicht,
Mit Augen so hell und so süße,
Es ist sein eignes, das weiß es noch nicht;
20 Viel stumme, freundliche Grüße.

Das Kindlein winkt, der Schatten geschwind
Winkt aus der Tiefe ihm wieder,
„Herauf, herauf!", so meint's das Kind,
Der Schatten: „Hernieder, hernieder!"

2 Was glaubst du, wie „Das Kind am Brunnen" enden wird?
Schreibe deine Vermutung auf, bevor du weiterliest.

_____

_____

_____

_____

3 Lies nun, wie Friedrich Hebbel die Ballade enden lässt.

Teil 2

25 Schon beugt es sich über den Brunnenrand –
Frau Amme, du schläfst noch immer?

Da fallen die Blumen ihm aus der Hand
Und trüben den lockenden Schimmer.

Verschwunden ist sie, die süße Gestalt,
30 Verschluckt von der hüpfenden Welle.
Das Kind durchschauert's fremd und kalt,
und schnell enteilt es der Stelle.

4 Kreuze an, welche Aussage richtig und welche falsch ist.

		richtig	falsch
a)	Die Amme schläft und merkt nicht, dass das Kind erwacht ist.		
b)	Das Kind schaut in den Brunnen und erkennt nicht, dass das andere Kind sein eigenes Spiegelbild ist.		
c)	Das Kind bewirft das andere Kind im Brunnen mit den Blumen, weil es nicht heraufkommt.		
d)	Durch die Blumen wird das Spiegelbild zerstört und so das Kind gerettet.		

Merkmale von Balladen – eine kurze Übersicht

Eine Ballade (Erzählgedicht) vereint die Merkmale von Geschichten (Epik), Gedichten (Lyrik) und Dramen (Dramatik).
Lyrik: Wie bei Gedichten gibt es Verse, Strophen und Reime.
Epik: Es wird eine spannende Geschichte erzählt.
Dramatik: Die Texte enthalten verschiedene Rollen und könnten gespielt werden wie ein Theaterstück.

5 Handelt es sich bei dem Text „Das Kind am Brunnen" um eine Ballade? Begründe deine Antwort und gehe dabei auf die typischen Merkmale einer Ballade ein.

_____

_____

_____

6 Wie viele Sprecher bräuchte man, wenn man die Ballade mit verteilten Rollen lesen möchte? Nenne sie.

_____

_____

7 Die Geschichte wird vom „lyrischen Ich" erzählt. Erläutere, woran man das erkennt.

_____

_____

_____

_____

_____

8 Der Dichter hat die 7. Strophe geteilt und damit den Aufbau der Ballade (8 Strophen mit je 4 Versen) unterbrochen. Arbeite heraus, welchen Zweck er damit verfolgt.

_____

_____

_____

_____

_____

_____

9 Tauscht euch mit euren Mitschülerinnen und Mitschülern darüber aus, wer von einem guten Ende der Ballade ausgegangen ist.

10 Welche Absicht des Autors steckt vermutlich hinter dieser Ballade? Schreibe deine Vermutung auf.

_____

_____

_____

_____

11 Ist die Aussage der Ballade auch heute noch bedeutsam? Sprecht in der Klasse darüber.

12 Stell dir vor, das Kind wäre in den Brunnen gesprungen und ertrunken. Schreibe einen Polizeibericht in dein Heft und ergänze Informationen, die nicht im Text vorkommen. Schreibe sachlich und benutze das Präsens. Beantworte die W-Fragen und mache dir zunächst Notizen.

Was? _____

Wann? _____

Wo? _____

Wer? _____

Wie? _____

Warum? Welche Folgen? _____

_____

In Märchen und in Sagen kommen häufig Riesen vor. Manchmal bedrohen sie die Menschen, manchmal helfen sie ihnen. Die Ballade „Das Riesenspielzeug" von Adelbert von Chamisso (1831) wurde in Anlehnung an eine elsässische Sage geschrieben. Die Burg der Riesen, Burg Niedeck, liegt im Elsass, also im Osten Frankreichs.

1 Lies die Ballade.

Adelbert von Chamisso

Das Riesenspielzeug

Burg Niedeck ist im Elsass der Sage wohlbekannt,
die Höhe, wo vor Zeiten die Burg der Riesen stand;
sie selbst ist nun verfallen, die Stätte wüst und leer,
du fragest nach den Riesen, du findest sie nicht mehr.

5 Einst kam das Riesenfräulein aus jener Burg hervor,
erging sich sonder Wartung und spielend vor dem Tor
und stieg hinab den Abhang bis in das Tal hinein,
neugierig zu erkunden, wie's unten möchte sein.

Mit wen'gen raschen Schritten durchkreuzte sie den Wald,
10 erreichte gegen Haslach das Land der Menschen bald,
und Städte dort und Dörfer und das bestellte Feld
erschienen ihren Augen gar eine fremde Welt.

Wie jetzt zu ihren Füßen sie spähend niederschaut,
bemerkt sie einen Bauer, der seinen Acker baut;
15 es kriecht das kleine Wesen einher so sonderbar,
es glitzert in der Sonne der Pflug so blank und klar.

„Ei! artig Spielding!", ruft sie, „das nehm ich mit nach Haus!"
Sie knieet nieder, spreitet behänd ihr Tüchlein aus
und feget mit den Händen, was sich da alles regt,
20 zu Haufen in das Tüchlein, das sie zusammenschlägt,

und eilt mit freud'gen Sprüngen, man weiß, wie Kinder sind,
zur Burg hinan und suchet den Vater auf geschwind:
„Ei Vater, lieber Vater, ein Spielding wunderschön!
So Allerliebstes sah ich noch nie auf unsern Höh'n."

25 Der Alte saß am Tische und trank den kühlen Wein,
er schaut sie an behaglich, er fragt das Töchterlein:
„Was Zappeliges bringst du in deinem Tuch herbei?
Du hüpfest ja vor Freuden; lass sehen, was es sei."

Sie spreitet aus das Tüchlein und fängt behutsam an,
30 den Bauer aufzustellen, den Pflug und das Gespann;
wie alles auf dem Tische sie zierlich aufgebaut,
so klatscht sie in die Hände und springt und jubelt laut.

Der Alte wird gar ernsthaft und wiegt sein Haupt und spricht:
„Was hast du angerichtet? Das ist kein Spielzeug nicht!
35 Wo du es hergenommen, da trag es wieder hin,
der Bauer ist kein Spielzeug, was kommt dir in den Sinn?

Sollst gleich und ohne Murren erfüllen mein Gebot;
denn wäre nicht der Bauer, so hättest du kein Brot;
es sprießt der Stamm der Riesen aus Bauernmark hervor,
40 der Bauer ist kein Spielzeug, da sei uns Gott davor!"

Burg Niedeck ist im Elsaß der Sage wohlbekannt,
die Höhe, wo vor Zeiten die Burg der Riesen stand
sie selbst ist nun verfallen, die Stätte wüst und leer,
und fragst du nach den Riesen, du findest sie nicht mehr.

2 Vergleiche die letzte mit der ersten Strophe. Findest du einen Unterschied?

3 Das Riesenfräulein bringt von ihrem Erkundungsgang ein Spielzeug mit. Beschreibe, worum es sich bei diesem Spielzeug handelt.

_____

_____

_____

4 Der Vater will, dass sie das vermeintliche Spielzeug sofort dorthin zurückbringt, wo sie es hergeholt hat. Womit begründet er dies?

_____

_____

_____

_____

1 Lies nun zum Vergleich die Sage von Ludwig Bechstein.

Ludwig Bechstein

Das Riesenspielzeug

An einem wilden Wasserfall in
der Nähe des Breuschtales im
Elsass liegen die Trümmer einer
alten Riesenburg, Schloss

5 Nideck geheißen. Von der Burg
herab ging einstmals ein Fräu-
lein bis schier gen Hasloch, das
war des Burgherrn riesige

Tochter, die hatte noch niemals Menschenleute gesehen, und da

10 gewahrte sie unversehens einen Ackersmann, der mit zwei Pferden pflügte, das dünkte ihr etwas sehr Gespaßiges, das kleine
Zeug; sie kauerte sich zum Boden nieder, breitete ihr Schürztuch
aus und raffte mit der Hand Bauer, Pflug und Pferde hinein,
schlug die Schürze um sich herum, hielt's mit der Hand recht fest

15 und lief, was sie nur laufen konnte, und sprang eilend den Berg
hinauf.

Mit wenigen Schritten, die sie tat, war sie droben und trat
jubelnd über ihren Fund und Fang vor ihren Vater, den Riesen,
hin, der gerade beim Tische saß und sich am vollen Humpen

20 labte. Als der die Tochter so mit freudeglühendem Gesicht eintre-
ten sah, so fragte er: Nu min Kind, was hesch so Zwaselichs in di
Furti? Krom's us, krom's us! – O min Vater!, rief die Riesentochter,
gar ze nettes Spieldinges ha i funden. – Und da kramte sie aus
ihrem Vortuch aus, Bauer und Pferde und Pflug, und stellt's auf

25 den Tisch hin und hatte ihre Herzensfreude daran, dass das
Spielzeug lebendig war, sich bewegte und zappelte. Ja min Kind,
sprach der alte Riese, do hest de ebs Schöns gemacht, dies is jo
ken Spieldings nit, dies is jo einer von die Burn; trog alles widder
fort und stells widder hin ans nämlich Plätzli, wo du's genommen

30 hast! – Das hörte das Riesenfräulein gar nicht gern, dass sie
ihren Fund wieder forttragen sollte, und greinte, der Riese aber
ward zornig und schalt: Potz tusig! dass de mir net murrst! E Bur
ist nit e Spieldings! Wenn die Burn net ackern, so müssen die
Riesen verhungern! – Da musste das Riesenfräulein seinen
35 vermeintlichen Spielkram als wieder forttragen und stellte alles
wieder auf den Acker hin.
Diese Sage wird auch von manchem andern Ort in Deutschland
erzählt, und zwar auf ganz ähnliche Weise, vom Schlosse
Blankenburg oder Greifenstein ohnweit Schwarzburg im
40 Thüringerlande, auch vom Lichtenberg im Odenwalde, allwo
gewaltige Riesen hausten.

2 Versucht, die Textstellen, die im Dialekt gesprochen werden, ins
Schriftdeutsche zu übersetzen. Das könnt ihr in der Klasse
mündlich machen.

3 Nenne die formalen Unterschiede zwischen der Ballade von
Adelbert von Chamisso und der Sage von Ludwig Bechstein.

4 Gibt es auch inhaltliche Unterschiede?

5 Lest euch die beiden Texte gegenseitig vor.

Welcher Text gefällt dir besser? Begründe.

1 Während die Ballade „Das Riesenspielzeug" auf eine Sage Bezug nimmt, so zeigt die folgende Ballade von Wilhelm Busch, die 1881 veröffentlicht wurde, die Merkmale eines Märchens.

Achte beim Lesen auf Textstellen, die dir märchenhaft vorkommen.

Wilhelm Busch

Das brave Lenchen

Auf einem Schlosse fern im Holz
wohnt eine Frau gar reich und stolz.
In einem Hüttchen arm und klein
wohnt Lenchen und ihr Mütterlein.
5 Das Mütterlein ist schwach und krank
und ohne Geld und Speis und Trank.
Da denkt das Lenchen: „Ach, ich lauf
um Hilfe nach dem Schloss hinauf!"
Es nimmt sich nichts wie einen Schnitt
10 vom allerletzten Brote mit.
Und wie es kommt bis an den Steg,
sitzt da ein armer Hund am Weg.
„Ach!" – ruft der Hund – „mein Herr ist tot;
hätt ich doch nur ein Stückchen Brot!"
15 „Hier!" – spricht das Lenchen – „hast du was!"
zieht's Brot hervor und gibt ihm das.
Und wie es weiter fortgerannt,
liegt da ein Fisch auf trocknem Sand.
„Ach!" – ruft der Fisch und zappelt sehr –
20 „wenn ich doch nur im Wasser wär!"

Gleich bückt das Lenchen sich danach
und trägt ihn wieder in den Bach.
Dann ist es weiter fortgerannt,
bis es die Frau im Schlosse fand. –

25 „Ach, liebe Frau, erbarmt euch mein,
ich hab ein krankes Mütterlein!"
„Fort!" – schreit die Frau – „nichts gibt es hier!"
und jagt das Lenchen vor die Tür.
Das Lenchen sieht vor Tränen kaum
30 und setzt sich stumm an einen Baum.
Und horch, im hohlen Baum erklingt
ein feines Stimmlein, welches singt:
„Mach auf, mach auf, ich bitt gar schön,
möcht gern die liebe Sonne sehn!"
35 Im Baum da ist ein Löchlein rund,
ist zugesteckt mit einem Spund.
Den zieht das Lenchen aus und spricht:
„So komm ans Licht, du armer Wicht!"
Sieh da, und eine Schlange schmiegt
40 sich aus dem Baum hervor und kriecht
und schlingt und schlängelt mit Gezisch
sich in das dichte Waldgebüsch,
und raschelt da herum und kam
und bracht ein Blümlein wundersam.

45 O Krankentros du Blümlein rot,
Herztulipan, hilf aus der Not!
Das Lenchen nimmt das Blümlein an
und eilt nach Haus so schnell es kann
Und wie es kommt bis über'n Steg,
50 tritt ihm ein Räuber in den Weg.
Dem armen Lenchen stockt das Blut,
lässt's Blümlein fallen in die Flut.
Da kommt der Hund und jagt zum Glück
Den Räuber in den Wald zurück.
55 Und unser Fisch ist auch nicht faul;
er trägt die Blume in dem Maul.

Jetzt läuft das Lenchen schnell hinein
zum lieben kranken Mütterlein,
legt's Blümlein ihr auf Herz und Mund,

60 macht's Mütterlein sogleich gesund;
heilt auch noch sonst viel kranke Leut
und ist aus aller Not befreit.
Der Räuber aber hat bei Nacht
Die Frau im Schlosse totgemacht.

2 Diese Elemente der Ballade erinnern mich an ein Märchen:

_____

_____

_____

3 Fasse den Inhalt der Ballade in kurzen Sätzen zusammen.

1. Strophe: _____

_____

_____

2. Strophe: _____

_____

_____

3. Strophe: _____

_____

_____

Muttersprache *plus*

7/8

Leseheft
Balladen

Lösungen

Illustration: Dorina Tessmann

Cornelsen

Seite 12

2 Die Ballade umfasst 27 Strophen. Jede Strophe hat sechs Verse.

Seite 13

3 In jeder Strophe findest du folgendes Reimschema:
a / b / a / b / c / c
Auf zwei Kreuzreime folgt ein Paarreim.

4 So könntest du den Inhalt der Ballade in kurzen Sätzen
wiedergeben:

Strophen 1–3: Der König fordert die anwesenden Ritter und
Knappen dreimal auf, den Sprung in das tosende Meer zu wagen,
um den goldenen Becher herauszuholen, den er zuvor in die
Fluten geworfen hat. Als Lohn darf der Finder ihn behalten.

Strophen 4–8: Ein Knappe erklärt sich bereit. Er springt in die
Fluten.

Strophen 9–12: Der Hofstaat steht auf der Klippe und schaut
voller Sorge und Hoffnung ins Meer.

Strophen 13–16: Der Knappe taucht wieder auf. Er rettet sich ans
Ufer und überbringt dem König den goldenen Becher. Die Königstochter schenkt ihm Wein ein.

Strophen 17–22: Der Knappe erzählt über seine Erlebnisse in den
Tiefen des Meeres. Er berichtet, wie er den Becher fand.

Strophen 23–25: Der König will mehr darüber erfahren, wie es
tief unten aussieht und wirft den Becher erneut ins Wasser. Seine
Tochter bittet ihn, den Jüngling zu verschonen. Da setzt er die
Heirat mit ihr als weitere Belohnung aus.

Strophen 26–Ende: Der Knappe springt erneut ins Meer, da er
sich in die Königstochter verliebt hat. Diesmal aber bleibt er
verschollen.

Seite 14

⑤ Hier sollst du deine eigene Fantasie spielen lassen. Wörter wie *wilde Gewalt, Feuer, Höllenraum* könnten dir helfen.

⑥ Als Einzelpersonen sprechen der König, seine Tochter und der Knappe.

⑦ Diese Zeilen hast du unterstrichen (du brauchst also vier verschiedene Farben):
Zeilen 1–6 (König)
Zeilen 11–12 (König)
Zeilen 18 (König)
Zeilen 52 (die Anwesenden)
Zeilen 82–84 (die Anwesenden)
Zeilen 91–132 (Knappe)
Zeilen 134–138 (König)
Zeilen 141–144 (Königstochter)
Zeilen 147–150 (König)

⑧ Das sind die beiden Strophen, in denen ein so genannter Chor (eine Gruppe von Personen) gemeinsam spricht: Strophe 9 und Strophe 14.
Hier sprechen die Ritter und Knappen, der Hofstaat.

⑨ Oskar Werner beschreibt das Meer mit dramatischen Worten. Den Hörerinnen und Hörern graut es vielleicht ähnlich wie dem Hofstaat in der Ballade. Dem Knappen hört man das Entsetzen an, dass er beim Anblick der „Meeresungeheuer" verspürt haben mag.

Seite 15

② Das sind Gemeinsamkeiten:
Der König wirft einen goldenen Becher ins Meer. Ritter und Knappen sind anwesend. Die Belohnung ist dieselbe.

Seite 16

③ Der wesentliche inhaltliche Unterschied besteht darin, dass keiner der Ritter oder Knappen bereit ist, ins Meer zu springen, um den goldenen Becher herauszuholen.

④ Erhardt verdreht Buchstaben. Statt *Rittersmann* oder *Knappe* schreibt er *Knappersmann* oder *Ritt* oder statt *tauchen in den Schlund* schreibt er *schlunden in den Tauch.*

⑤ Das könnte deine Antwort sein:
Heinz Erhardt war ein Komiker. Er wollte die Menschen zum Lachen bringen. Schillers sehr bekannte und sehr dramatische Ballade vom Taucher ist vielen bekannt und die Spaßversion löst den Ernst der ursprünglichen Ballade humorvoll auf.

Seiten 19/20

② Folgende Antworten zu den Fragen solltest du notiert haben:
Wer ist die Hauptperson in dieser Ballade? Die Hauptperson ist der Reiter.
Wo handelt die Geschichte? Die Geschichte handelt am Bodensee.
Welche Jahreszeit ist es? Es ist Winter.
Was wissen wir über die Hauptperson? Wir wissen nur, dass der Reiter an den Bodensee reiten will.
Was erfährt er von der Magd? Von der Magd erfährt er, dass er über den gefrorenen See geritten ist.
Warum ruft die Magd die Dorfbewohner herbei? Die Magd ruft die Dorfbewohner herbei, weil es ein Wunder ist, dass der Reiter über den See reiten konnte, ohne dass das Eis unter den Hufen eingebrochen ist.

③ So könnte deine Lösung lauten:
Die Ballade endet mit dem Tod des Reiters. Der Schock über das Geschehene hat vermutlich zu einem Herzstillstand geführt.

Seite 21

6 So könnte deine Lösung aussehen:
Eine Seegfrörne kann entstehen, wenn mehrere Wetterereignisse zusammenkommen: ein sehr kühler Sommer und Herbst, ein früher Winterbeginn und Dauerfrost. Außerdem muss der Wasserstand niedrig sein.

7 Das könnte deine Antwort sein:
Die Redewendung „Ritt über den Bodensee" meint: Ich habe etwas sehr Gefährliches gemacht, erkenne die Gefahr aber erst im Nachhinein.

Seite 23

2 Du könntest vermuten, dass das Kind in den Brunnen fällt. Oder dass es vom Brunnen weggeht?

Seite 24

4 So muss deine Tabelle aussehen:

		richtig	falsch
a)	Die Amme schläft und merkt nicht, dass das Kind erwacht ist.	x	
b)	Das Kind schaut in den Brunnen und erkennt nicht, dass das andere Kind sein eigenes Spiegelbild ist.	x	
c)	Das Kind bewirft das andere Kind im Brunnen mit den Blumen, weil es nicht heraufkommt.		x
d)	Durch die Blumen wird das Spiegelbild zerstört und so das Kind gerettet.	x	

Hinweis zu c) Die Blumen fallen dem Kind aus der Hand.

5 So könntest du begründet haben:
Es ist eine Ballade, weil es Strophen, Verse und Reime gibt
(lyrische Elemente). Die Geschichte ist spannend, weil wir bis
zuletzt fürchten müssen, dass das Kind im Brunnen ertrinkt
(episches Merkmal). Könnte die Ballade gespielt werden? Ja, und
die Stimme des Erzählers, der Erzählerin könnte wie ein Monolog
gesprochen werden (Merkmale eines Dramas).

Seite 25

6 Wenn man die Ballade mit verteilten Rollen lesen möchte, könnte
Leserin/Leser 1 in den Strophen 1 bis 3 und in Strophe 7 die
Amme rufen, Leserin/Leser 2 könnte den Verlauf der Geschichte
„erzählen" und Leserin/Leser 3 den Schatten aus dem Brunnen
sprechen.

7 Das könnte deine Antwort sein:
Das lyrische Ich ist die Sprecherin / der Sprecher eines Gedichts
(oder einer Ballade), die/der der Leserin / dem Leser ihre / seine
Erlebnisse und Gefühle mitteilt. Mit den Weckrufen an die
Amme zeigt der Verfasser, dass sich das lyrische Ich mitten in
der Geschichte befindet und sich Sorgen um das Wohl des
Kindes macht.

8 So könnte deine Lösung aussehen:
Christian Friedrich Hebbel hat die 7. Strophe möglicherweise
geteilt, weil hier der Wendepunkt der Ballade stattfindet. Wird
das Kind gleich in den Brunnen fallen? So wird auch optisch die
Spannung erhöht.

Seite 26

10 So könnte deine Lösung lauten:
Die Absicht des Verfassers könnte gewesen sein, den Tod des eigenen Kindes zu verarbeiten und Aufsichtspersonen von Kindern zu
ermahnen, ihre Aufgabe sorgfältig zu erfüllen und somit Schaden
vom Kind abzuwenden.

12 So ähnlich könnte dein Bericht lauten:
Kind in Brunnen ertrunken
Gestern kam es zu einem folgenschweren Unfall. Ein dreijähriges
Kind spielte im Garten der Eltern. Unbemerkt von seiner Auf-
sichtsperson muss es in den Brunnen gefallen sein, den die Eltern
zur Bewässerung ihres parkähnlichen Gartens anlegen ließen. Als
das Kindermädchen die Abwesenheit des Kleinkindes bemerkte,
suchte sie zunächst in der näheren Umgebung und im Haus. Erst
nach längerer Zeit, als schon die Polizei alarmiert war, wurde die
Leiche des Kindes im Brunnen entdeckt. Die ermittelnde Krimi-
nalpolizei geht von einem Unfall aus. Gegen das Kindermädchen
wird dennoch Anklage erhoben. Die Eltern des toten Kindes, die
sich gerade im Ausland befanden, wurden informiert und reisten
sofort nach Deutschland zurück. Sie werden ihr einziges Kind
beerdigen müssen.

Seite 29

2 Der Unterschied liegt in der vierten Zeile der jeweiligen Strophe:
Zu Beginn der Ballade heißt es: „... du fragest nach den Riesen
..." und in der letzten Strophe heißt es: „... und fragst du nach
den Riesen ..."
Am Anfang ist der Erzähler bereit, von den Riesen zu berichten.
Am Ende sagt er sinngemäß, du brauchst nicht mehr zu fragen,
Riesen gibt es dort nicht mehr.

3 Bei dem Spielzeug handelt es sich um einen Bauern und seinen
Pflug mit Pferden.

4 Der Vater möchte, dass seine Tochter den Bauern zu seinem Feld
zurückbringt, damit er weiterhin Getreide anpflanzen kann, um
daraus Mehl für das Brot zu gewinnen. Außerdem sagt er, dass
auch die Riesen von den Bauern abstammen.

Seite 31

2 Ihr könnt den Text von Chamisso zur Hilfe nehmen und verglei-
chen.

❸ Formale Unterschiede:
Chamisso schreibt in Versform und mit Reimen, der Text von
Bechstein ist eine Erzählung in Form eines Fließtextes.

❹ Inhaltliche Unterschiede:
Diese gibt es nur am Ende von Bechsteins Text: Dort weist er
darauf hin, dass die Sage auch an anderen Orten in Deutschland
erzählt wird.

Seite 34

❷ Diese Elemente der Ballade erinnern dich an Märchen:
armes, liebes Mädchen trifft böse, reiche Frau / Tiere können
sprechen / Mädchen tut Gutes und wird belohnt / Happy End für
das Gute

❸ So könnte deine Zusammenfassung des Inhalts der Ballade vom
braven Lenchen aussehen:

Strophe 1: Lenchen bricht auf zum Schloss, um dort für ihre
kranke Mutter um Hilfe zu bitten. Sie trifft einen herrenlosen
Hund und gibt ihm ihr letztes Stück Brot. Sie findet an Land einen
Fisch und trägt ihn zurück ins Wasser.
Strophe 2: Lenchen kommt zum Schloss und bittet um Hilfe. Die
Schlossherrin jagt sie fort. Lenchen setzt sich traurig auf einen
Baumstamm und wird von einer Schlange gebeten, sie zu be-
freien. Die Schlange schenkt ihr zum Dank eine Blume.
Strophe 3: Lenchen läuft mit der Blume nach Hause. Als sie auf
einer Brücke von einem Räuber bedroht wird, lässt sie vor Schreck
die Blume ins Wasser fallen. Der Hund kommt und verjagt den
Räuber. Der Fisch bringt ihr die Blume wieder. Diese Blume heilt
die Mutter und viele andere Kranke. Der Räuber tötet die reiche
Frau im Schloss.

Seite 35

4 So könnte deine Tabelle aussehen:

Lenchen trifft:	So hilft sie dem Tier:	So hilft das Tier ihr:
einen Hund	Sie gibt dem Hund ihr letztes Stück Brot.	Der Hund verjagt den Räuber.
einen Fisch	Sie trägt den Fisch zum Wasser zurück.	Der Fisch bringt ihr die Blume, die ins Wasser gefallen war.
eine Schlange	Sie befreit die Schlange aus dem Baumstamm.	Die Schlange schenkt ihr eine Blume mit Heilkraft.

5 So könnte deine Lösung lauten:
Als ein Räuber sich Lenchen auf der Brücke in den Weg stellt, erschrickt sie so sehr, dass sie die Krankentrost-Blume, die ihr die Schlange geschenkt hat, in den Fluss fallen lässt. Aber zum Glück verjagt der Hund den Räuber und der Fisch bringt die Blume zurück.

Seite 36

6 Das könnte deine Antwort sein:
Vielleicht hat der Räuber sie im Schloss überfallen und wollte Geld oder Wertsachen von ihr haben. Sie hat ihm aber nichts geben wollen und aus Zorn hat der Räuber sie erschlagen.

7 So könnte deine Lösung lauten:
Als Lenchen der Mutter die Blume auf Herz und Mund legte, wurde sie wieder gesund. Wir erfahren, dass die Blume auch andere Kranke wieder gesund werden ließ. Vielleicht konnte Lenchen mit Hilfe dieser Blume die finanzielle Not der Familie beenden, indem sie andere heilte.

8 Das könnte die Lehre sein:
Wer Gutes tut, wird belohnt werden.
Vielleicht auch: Wer Tieren hilft, ist ein guter Mensch.

Seite 40

3 Das unterscheidet die Ballade vom Zeitungsbericht:
Wir erfahren weder, wer die Passagiere sind, noch, warum das
Schiff in Brand geriet. In der Ballade überleben alle, außer dem Steuermann. In Wirklichkeit starben die meisten Passagiere und der Steuermann
überlebte schwer verletzt.

4 Das hat Fontane geändert:
Fontane hat den Namen des Schiffes geändert. Außerdem fuhr es
von Buffalo nach Erie, in der Ballade von Detroit nach Buffalo.
Während er alle Passagiere überleben lässt, stirbt der Steuermann.

5 Das könnte deine Antwort sein:
Fontane möchte John Maynard zum Helden machen. Er erhöht
die Dramatik.

Seite 41

Vers	Erzähler	Zeitpunkt
1–7	Passagier; Besatzungsmitglied	einige Zeit nach dem Unglück
8–45	unbekannter Erzähler	während des Unglücks
46–47	unbekannter Erzähler	kurz nach dem Unglück
48–63	unbekannter Erzähler	einige Zeit nach dem Unglück

Seite 42

7 So könnte deine Lösung lauten:
Eine Krone tragen könnte hier bedeuten: Er war der König, der
Held, der Beste.

8 Das erfährst du über John Maynard in der Ballade:
Wir erfahren wenig über John Maynard, den Steuermann. Bei
Fontane war er ein pflichtbewusster Mensch, der sein Leben für
die Passagiere opferte. Und wir erfahren, dass er ein großartiges
Begräbnis bekam.

9 Das könnte deine Antwort sein:
Man kann ihn wohl als Held bezeichnen, da er sein Leben für das
der Passagiere und Besatzungsmitglieder geopfert hat. Er hat aus-
gehalten, als der Rauch ihn schon fast ersticken ließ.

Seite 43

10 So könnte der Zeitungsartikel in Form einer Reportage aussehen:
Drama auf dem Eriesee
*Steuermann rettet mit seinem heldenhaften Einsatz das Leben der
Passagiere.*
Gestern ereignete sich ein furchtbares Unglück bei der Überfahrt
des Dampfschiffes „Schwalbe" von Detroit nach Buffalo, bei dem
es ein Todesopfer zu beklagen gibt: John Maynard, der Steuermann des Schiffes, starb kurz nach dem Erreichen des Strandes
von Buffalo, auf den er zugesteuert war, um die Passagiere zu
retten. Das Schiff war während der Überfahrt aus bisher noch
ungeklärten Gründen in Brand geraten. Linda Brown war an Bord
und berichtet uns Folgendes: „Wir waren eine halbe Stunde von
Buffalo entfernt, als aus dem Schiffsraum jemand rief, dass es
brennt. Aus allen Luken drang Rauch heraus. Wir Passagiere
versammelten uns an Deck, dort, wo der Qualm noch nicht so
dicht war. Der Steuermann, der längst schon inmitten der Rauch-
wolken stand, lenkte das Schiff in letzter Minute auf den Strand,
sodass wir von Bord springen und uns in Sicherheit bringen
konnten." Leider konnte der Steuermann nicht mehr gerettet
werden. Als die Helfer kamen, war er bereits einer Rauchvergif-
tung erlegen. Nur seinem heldenhaften Einsatz ist es laut Aussage
des Kapitäns, Paul Miller, zu verdanken, dass das Schiff gerade
noch rechtzeitig das rettende Ufer erreicht hat.

Seite 45

3 So könnte deine Lösung lauten:
Ein Revolverheld im Wilden Westen ist bekannt dafür, dass er pfeift, bevor er jemanden erschießt. Eine hohe Geldsumme ist auf ihn ausgesetzt. Eines Tages sagt einer, der sich der Denker nennt, zu ihm, dass er einen guten Plan habe, wie sich der Pfeifer viel Geld verdienen könne. Er solle einfach zum Sheriff gehen und das Kopfgeld einfordern, das auf ihn ausgesetzt sei. Natürlich landet der Pfeifer im Gefängnis. Als er hingerichtet werden soll, bricht der Ast ab, an dem er hängen sollte. An dieser Stelle erfährt der die Leserin / der Leser (Zuhörerin/Zuhörer), dass es sich nur um einen Filmdreh handelt.

4 Das könnte deine Antwort sein:
Der Vers „da wurden Bretter knapp" bedeutet: Der Schreiner musste Särge aus Holzbrettern zimmern, da der Pfeifer viele Menschen umbrachte.

5 So könnte deine Lösung lauten:
Dass der Revolverheld nicht mehr weiß, wie er heißt, warum er pfeift und warum er tötet, könnte hier ironisch gemeint sein. Reinhard Mey macht sich vielleicht lustig über die Handlung vieler Western, die mehr Action haben als eine nachvollziehbare Handlungskette. Die Charaktere in Western werden häufig sehr einfach dargestellt, ohne dass auf ihre Herkunft und ihre Motive eingegangen wird.

6 Hier findest du wörtliche Rede:
Verse: 16, 22, 24/25, 28–31, 38–40.

7 Diese Personen sprechen:
ein Prämienjäger, der Denker, der Regisseur.

8 Das könnte deine Antwort sein:
Spätestens an der Stelle, als der Regisseur zu schimpfen beginnt, wird klar, dass es sich hier nicht um eine dramatische Erzählung handelt.

Seite 46

1 Die Ballade hat 9 Strophen mit je 8 Versen.

2 Nur die 3. Strophe hat einen Vers mehr.

Seite 48

3 Das Reimschema in jeder Strophe ist: Paarreim / Paarreim / Kreuzreim oder: aa bb cd cd.

Seite 49

4 Das sind die Stufen seiner Seiltänzer-Karriere:
Strophe 3: umjubelte Auftritte auf der ganzen Welt
Strophe 4: Er übt auf einem Draht statt auf dem Seil zu tanzen.
Strophe 5: Nach zwei Jahren tanzt er auf einem Draht von Haus zu Haus.
Strophe 6: Nach sieben Jahren tanzt er auf einem Haar von Turm zu Turm.
Strophe 7: Er tanzt ohne etwas über einem Abgrund.
Strophe 8: Er tanzt von Stern zu Stern.

5 Der Unterschied ist:
Strophe 1: Vers 1: Er war ein Tänzer auf dem Seil / Vers 5: ihm lag nicht viel ...
Strophe 9: Vers 66: Er war der Tänzer ohne Seil / Vers 70: ihm lag nichts mehr ...

Seite 50

6 a Das könnte deine Antwort sein:
Es ging ihm nicht um Ruhm und Geld, also nicht um den Lohn durch die anderen. Es ging ihm darum, immer besser zu werden, die Kunst des Seiltanzes zu perfektionieren.

6 b Das könnte deine Antwort sein:
Vermutlich wollte er immer besser werden, weil außer dem Seiltanz nichts in seinem Leben wichtig war, weil er nur das eine Ziel hatte: der beste aller Seiltänzer zu sein.

7 So sollte deine Lösung aussehen:
lyrische Elemente: Die Ballade ist in Strophen gegliedert und es gibt Reime.
epische Elemente: Die Geschichte vom Seiltänzer wird erzählt.
dramatische Elemente: In der Ballade spricht der Lehrer des Seiltänzers und der Seiltänzer selbst. Die eigentliche Geschichte wird von einer Erzählerin oder einem Erzähler gesprochen.

Seite 51

9 Individuelle Lösung

10 Individuelle Lösung

Seite 53

2 Das könnte deine Antwort sein:
Die Ballade ist gruselig, weil eine verlassene Zeche ein unheimlicher Ort ist und weil eines der Kinder dort verschwunden ist.

Seite 54

3 Drei Metaphern, die die gruselige Stimmung hervorrufen, sind zum Beispiel:
Hoch über ihm schrie ein Scharnier (Vers 9)
Sein Turnschuh trat auf kichernd Glas (Vers 14)
des blinden Grubenpferdes Leiche (Vers 31)

4 So könnte deine Lösung lauten:
Vielleicht wird der Junge gefunden, möglicherweise verletzt oder tot; vielleicht bleibt er verschollen, was uns der Titel vermuten lässt.

5 So sollte deine Lösung aussehen:
Die Geschichte erzählt ein unbekannter Erzähler oder eine unbekannte Erzählerin.

6 So könnte deine Geschichte aussehen:
Gestern wussten wir, die anderen Jungs und ich, nicht, was wir
spielen sollten. Tom schlug vor, durch den Zaun auf das Gelände
der alten Zeche zu schlüpfen und dort Verstecken zu spielen.
Hannes hatte Bedenken, weil es doch verboten ist, das Gelände
zu betreten. Wir überredeten ihn und weil er sich so angestellt
hatte, musste er als Erster zählen und uns suchen. Wir hörten ihn
rufen, aber er sollte uns finden, sonst macht das Spiel doch keinen
Spaß. Irgendwann hörten wir ihn nicht mehr rufen und einer nach
dem anderen kam aus seinem Versteck heraus. Wo war Hannes
nur geblieben? Wir suchten und suchten und riefen immer wieder
nach ihm. Als es schon dunkel wurde, rannten wir nach Hause.
Wir hatten Angst, den Eltern zu erzählen, dass wir auf der Zeche
gespielt hatten; dafür würden zumindest meine Eltern mir Haus-
arrest geben. Hannes war ja vielleicht schon vor uns nach Hause
gegangen.

Seite 55

1 Individuelle Lösung

2 Individuelle Lösung

3 Individuelle Lösung

Seite 56

1 Das sind die Lösungen für das Balladen-Quiz:
Gedichtete Texte nennt man: Lyrik
Erzählende Texte nennt man: Epik
Texte mit verteilten Rollen: Dramatik
Die einzelnen Abschnitte eines Gedichtes: Strophen
Die einzelnen Zeilen eines Gedichtes: Verse
Gespräch zwischen zwei oder mehr Personen: Dialog
Selbstgespräch: Monolog
Sprachliche Bilder: Metaphern
Verspottung einer Kunstrichtung: Persiflage
Veröffentlichte Schriften: Literatur

4 Trage in die Tabelle ein, welche Tiere Lenchen trifft, wie sie ihnen hilft und welchen Lohn sie dafür erhält.

Lenchen trifft:	So hilft sie dem Tier:	So hilft das Tier ihr:

5 Lenchen trifft auf einen Räuber. Berichte, was geschieht.

_____

_____

6 Die reiche und stolze Frau im Schloss will Lenchen nicht helfen.
In den letzten beiden Versen der Ballade erfahren die Leserinnen
und Leser, dass der Räuber sie umgebracht hat.
Beschreibe, was geschehen sein könnte.

_____

_____

_____

_____

7 Das „wundersame Blümlein" (Vers 44), das Lenchen von der
Schlange erhält, rettet sie aus der Not. Erläutere den Zauber
dieser Blume.

bei der Mutter: _____

_____

_____

bei anderen Kranken: _____

_____

_____

8 Kreuze an, welche Lehre uns der Text mit auf den Weg geben
könnte.

☐ Wer Tieren hilft, ist ein guter Mensch.

☐ Not macht erfinderisch.

☐ Wer Gutes tut, wird belohnt werden.

☐ Die Bösen sind immer geizig.

1 In der folgenden Ballade wird von einem Schiffsunglück erzählt, das tatsächlich stattgefunden hat. Der Ort des Geschehens ist der Eriesee, der zwischen Kanada und den Vereinigten Staaten von Amerika liegt.

Lies zunächst den Zeitungsartikel, der von dem Unglück berichtet, das den deutschen Dichter Theodor Fontane dazu inspirierte, 1886 die Ballade „John Maynard" zu schreiben.

Schiffsunglück auf dem Eriesee

In der Nacht vom 9. zum 10. August 1841 geschah ein schreckliches Unglück, das zahlreiche Opfer forderte. Der Raddampfer „Erie" geriet auf seiner Fahrt von Buffalo nach Erie in Brand. Ursache war vermutlich eine Ladung von Terpentin und Farbe, die
5 in der Nähe der Kessel gelagert worden war und Feuer fing. Das Schiff änderte daraufhin seinen Kurs und versuchte, die acht Meilen entfernte Küste zu erreichen.
An Bord waren etwa 200 Passagiere, viele von ihnen Auswanderer aus Deutschland und der Schweiz. Nur 29 Personen überleb-
10 ten das Unglück.
Der diensthabende Steuermann, Luther Fuller, der bis zuletzt auf seinem Posten geblieben war, überlebte die Katastrophe schwer verletzt.

2 Lies nun, wie Theodor Fontane die Informationen über das Schiffsunglück zu einem Erzählgedicht werden ließ.

Theodor Fontane

John Maynard

John Maynard!
„Wer ist John Maynard?"

„John Maynard war unser Steuermann,
Aushielt er, bis er das Ufer gewann,
5 Er hat uns gerettet, er trägt die Kron,
Er starb für uns, unsre Liebe sein Lohn.
        John Maynard."
                *
Die „Schwalbe" fliegt über den Eriesee,
Gischt schäumt um den Bug wie Flocken von Schnee;
10 Von Detroit fliegt sie nach Buffalo –
Die Herzen aber sind frei und froh,
Und die Passagiere mit Kindern und Fraun
Im Dämmerlicht schon das Ufer schaun,
Und plaudernd an John Maynard heran
15 Tritt alles: „Wie weit noch, Steuermann?"
Der schaut nach vorn und schaut in die Rund:
„Noch dreißig Minuten ... Halbe Stund."

Alle Herzen sind froh, alle Herzen sind frei –
Da klingt's aus dem Schiffsraum her wie Schrei,
20 „Feuer!" war es, was da klang,
Ein Qualm aus Kajüt und Luke drang,
Ein Qualm, dann Flammen lichterloh,
Und noch zwanzig Minuten bis Buffalo.

Und die Passagiere, bunt gemengt,
25 Am Bugspriet stehn sie zusammengedrängt,
Am Bugspriet vorn ist noch Luft und Licht,
Am Steuer aber lagert sich's dicht,
Und ein Jammern wird laut: „Wo sind wir? Wo?"
Und noch fünfzehn Minuten bis Buffalo. –

30 Der Zugwind wächst, doch die Qualmwolke steht,
Der Kapitän nach dem Steuer späht,
Er sieht nicht mehr seinen Steuermann,
Aber durchs Sprachrohr fragt er an:
„Noch da, John Maynard?"
35   „Ja, Herr. Ich bin."
„Auf den Strand! In die Brandung!"
    „Ich halte drauf hin."
Und das Schiffvolk jubelt: „Halt aus! Hallo!"
Und noch zehn Minuten bis Buffalo. –

40 „Noch da, John Maynard?" Und Antwort schallt's
Mit ersterbender Stimme: „Ja, Herr, ich halt's!"
Und in die Brandung, was Klippe, was Stein,
Jagt er die „Schwalbe" mitten hinein.
Soll Rettung kommen, so kommt sie
45 nur so.
Rettung: der Strand von Buffalo!
          *

Das Schiff geborsten. Das Feuer
verschwelt.
Gerettet alle. Nur *einer* fehlt!
          *

50 Alle Glocken gehn; ihre Töne schwell'n
Himmelan aus Kirchen und Kapell'n,
Ein Klingen und Läuten, sonst schweigt die Stadt,
Ein Dienst nur, den sie heute hat:
Zehntausend folgen oder mehr,
55 Und kein Aug im Zuge, das tränenleer.

Sie lassen den Sarg in Blumen hinab,
Mit Blumen schließen sie das Grab,
Und mit goldner Schrift in den Marmorstein
Schreibt die Stadt ihren Dankspruch ein:
60 „Hier ruht John Maynard! In Qualm und Brand
Hielt er das Steuer fest in der Hand,
Er hat uns gerettet, er trägt die Kron,
Er starb für uns, unsre Liebe sein Lohn.
John Maynard!"

3 Lies die Ballade ein zweites Mal und überlege, wie sie sich inhaltlich von dem Zeitungsbericht (S. 37) unterscheidet. Sprecht in der Klasse darüber.

4 Fontane hat einige der überlieferten Tatsachen verändert. Nenne sie.

_____

_____

_____

5 Was könnten die Gründe für diese Veränderungen sein?

_____

_____

_____

_____

_____

6 Die Ballade wird durch Sternchen in vier Abschnitte unterteilt. Wer ist vermutlich die Erzählerin bzw. der Erzähler im jeweiligen Abschnitt und zu welchem Zeitpunkt wird von dem Schiffsunglück berichtet?

Vers	Erzähler	Zeitpunkt
1–7	– Passagiere; –	– einige Zeit nach dem Unglück
8–46		

7 Der Satz: „Er trägt die Kron" wird zweimal wiederholt (Z. 5 und 62). Was könnte das bedeuten?

_____

_____

8 Was erfahren wir in Fontanes Ballade über John Maynard? Tragt zusammen.

_____

_____

_____

_____

9 War John Maynard ein Held? Begründe deine Antwort.

_____

_____

_____

_____

10 Lest euch die Ballade gegenseitig vor.

– Markiere davor die Textstellen, die du mit dramatischer, lauter oder aufgeregter Stimme sprechen willst, indem du sie zum Beispiel doppelt unterstreichst.

– Besonders wichtige Wörter könntest du ebenso hervorheben.

– Wo willst du traurig und leise sprechen? Markiere diese Textstellen mit einem einfachen Unterstrich in schwarzer Farbe.

11 Du bist Reporterin/Reporter der Tageszeitung von Buffalo und
sollst mit den Angaben aus der Ballade einen Artikel über das
Schiffsunglück verfassen. Arbeite in deinem Heft.
Gib in deinem Artikel Antworten auf die folgenden Fragen:
– Wo findet das Unglück statt?
– Wodurch wurde es verursacht?
– Welche Folgen hat das Feuer?
– Wer ist betroffen?
– Wie endet die Schiffsreise?
Der Artikel soll informativ und spannend zugleich sein.
Du könntest einen Augenzeugen befragt haben.
Finde zunächst eine Schlagzeile und einen Untertitel, die die
Aufmerksamkeit deiner Leserinnen und Leser auf sich zieht.

1 Die Ballade vom Pfeifer wurde von dem Liedermacher Reinhard
Mey geschrieben und gesungen, zwischen den einzelnen Strophen
pfeift er eine Melodie. Die Geschichte handelt im „Wilden Westen"
und wird von einem Revolverhelden erzählt. Lies die Geschichte.

Reinhard Mey

Die Ballade vom Pfeifer

Ich ritt aus San Alfredo im letzten Tageslicht,
vielleicht auch aus El Paso, so genau weiß ich das nicht.
Seit vierzig Tagen, vierzig Nächten war ich auf der Flucht,
in jeder Stadt fand ich mein Bild, darunter stand: GESUCHT!
Sie nannten mich den Stillen, und man flüsterte mir nach,
5 dass, wenn ich was zu sagen hätte, mein Colt für mich sprach.

Sie nannten mich den Pfeifer, und meine Devise hieß:
Wenn Dir wer vor die Mündung kommt, erst pfeife, und dann
schieß!
Warum ich pfiff, das weiß ich nicht, weiß nicht mal, wie ich heiß',
10 im Westen ist es niemals gut, wenn einer zu viel weiß!
Ich weiß nur, wo mein Lied erklang, da wurden Bretter knapp,
weil jeder Schreiner wusste, dass es Arbeit für ihn gab.

Als ich nach Bloody Corner kam, sah ich von weitem her:
15 Die Summe unter meinem Namen hatte zwei Stellen mehr.
Ein Prämienjäger sagte: Pfeifer, ich wart' schon auf dich!
Ich fuhr herum, pfiff einen Ton, dann sprach mein Colt für mich.
Als wenig später im Saloon mein Achtunddreißiger spie[1],
da spielte der Mann am Klavier dazu die Melodie:

20 Die Ellenbogen aufgestützt, die Flügeltür im Blick
stand neben mir ein Fremder, sehr glatt rasiert und dick.
Man nennt mich hier den Denker, so stellte er sich vor,
spie lässig in den Spucknapf und sagte mir in's Ohr:
Wenn Du zehntausend Doller brauchst, dann hab ich einen Plan,
25 todsicher, genial, einfach! Dankbar nahm ich an.

Jetzt sitz ich hinter Gittern, von Zweifeln angenagt.
Vielleicht war doch des Denkers Plan so gut nicht, wie er sagt.
Er sagte: Es bringt Dir zehntausend Dollar, wenn Du's wagst,
zum Sheriff ins Büro zu gehn, Dich vorstellst und ihm sagst:
30 Grüß Gott, ich bin der Pfeifer, ich komm selber, wie ihr seht,
um die Belohnung zu kassiern, die auf meinen Kopf steht!

Ich sitz auf meines Pferdes Rücken unter dem Galgenbaum,
einen Strick um meinen Hals, der Henker hält mein Pferd im Zaum.
35 Gleich gibt er ihm die Zügel und dann ist's mit mir vorbei,
der Totengräber gräbt mein Grab und pfeift mein Lied dabei.
Der Scharfrichter tut seine Pflicht, mein Pferd setzt sich in Trab ...,

Und unten brüllt der Regisseur...
Verdammte Schlamperei, jetzt ist uns der Ast schon zum dritten
40 Mal abgebrochen,
der Film ist auch gerissen. Also Kinder, für
heute ist Feierabend,
die Leiche dreh'n wir morgen ab.

---

[1] *spie* (3. Person Singular, Präteritum): von speien: spucken

2 Hört euch die Ballade im Internet an.

3 Erzählt die Geschichte mit eigenen Worten.

4 In Vers 12 heißt es: „da wurden Bretter knapp". Erkläre, was damit gemeint ist.

_____

_____

5 Der Revolverheld ohne Namen weiß selbst nicht mehr, wie er heißt, warum er pfeift und warum er andere tötet.
Kannst du es dir erklären?

_____

_____

6 In der Ballade wird die wörtliche Rede verwendet. Unterstreiche die Textstellen.

7 Nenne die Personen, die sprechen.

_____

_____

8 Kennst du den Begriff „Persiflage"? Eine Persiflage ist eine geistreiche, nachahmende und oft auch kritische Verspottung einer Kunstrichtung.

An welcher Stelle der Ballade wird deutlich, dass es sich nicht um eine dramatische Erzählung handelt, sondern dass Reinhard Mey sich lustig macht über klassische Westernfilme? Sprecht in der Klasse darüber.

1 Michael Ende (1929–1995) zählt zu den erfolgreichsten deutschen Jugendbuchautoren. Seine Ballade vom Seiltänzer Felix Fliegenbeil wurde 1986 erstmals veröffentlicht.

Zähle zunächst die Strophen und achte beim ersten Lesen auf das Reimschema.

Die Ballade hat _____ Strophen

mit je _____ Versen.

2 Stimmt nicht ganz. Eine Strophe hat einen Vers mehr. Welche?

_____

Michael Ende

Die Ballade vom Seiltänzer Felix Fliegenbeil

Es war ein Tänzer auf dem Seil
Mit Namen Felix Fliegenbeil,
der Größte aller Zeiten,
das kann man nicht bestreiten.
5 Ihm lag nicht viel an Gut und Geld,
nichts an der Menge Gunst,
ihm ging's nicht um den Ruhm der Welt,
ihm ging es um die Kunst.

Schon in der Seiltanzschule war
10 er bald der Beste in der Schar,
und als ein Jahr vorüber,
war er dem Lehrer über.
Da sagte der in mildem Ton:
„Du Wunderkind, ade!
15 Ich kann dich nichts mehr lehren, Sohn,
drum geh mit Gott – doch geh!"

So zog er
In die Welt hinaus,
wohin er kam, erscholl Applaus.
20 Die ganze Welt bereist er
Und suchte seinen Meister.
Doch keiner tanzte so genial
Die Sprünge des Balletts
Hoch droben auf dem Seil aus Stahl
25 Und immer ohne Netz.

Da er den Meister nirgends fand,
beschloss er endlich kurzerhand,
statt andre zu begeistern,
sich selber zu bemeistern.
30 „Mein Tanz", sprach Felix Fliegenbeil,
„ist noch kein Meisterstück.
Zwar kann ich alles auf dem Seil,
doch ist das Seil zu dick!"

Drum spannte er von Haus zu Haus
35 Nur einen Draht anstatt des Taus
Und übte, drauf zu springen.
Das sollte bald gelingen.
Dann nahm er einen dünnern Draht
Und einen dünnsten noch –
40 Es dauerte zwei Jahre grad,
dann konnte er's jedoch.

Und schließlich kam das siebte Jahr,
da tanzte er auf einem Haar,
gespannt von Turm zu Turme,
45 dort schritt er hin im Sturme.
Das Publikum sah schweigend zu
Und hielt die Hüte fest.
Dann aber kam der Clou,
der sich kaum glauben lässt:

50 Denn eines Tags um acht Uhr früh,
da spannt er nichts mehr zwischen sie.
Er tanzte auf der Leere,
als ob dort etwas wäre.
Hoch überm Abgrund ging es zwar
55 Mit leichtem Tänzerschritt,
doch weil er ohne Halt nun war,
nahm ihn ein Windstoß mit.

Wer weiß, wohin der Wind ihn trieb?
Ein Astronom[1] allein beschrieb,
60 was er im Fernrohr schaute
im Sternbild Argonaute:
Es sei, sprach er, gewiss kein Traum.
Er habe ihn gesehen,
von Stern zu Stern im Himmelsraum
65 wie einen Tänzer gehen.

Es war der Tänzer ohne Seil
Mit Namen Felix Fliegenbeil,
der Größte aller Zeiten,
das wird man nicht bestreiten.
70 Ihm lag nichts mehr an Gut und Geld,
nichts an der Menge Gunst,
ihm ging's nicht um den Ruhm der Welt,
ihm ging es um die Kunst!

3 Welches Reimschema wird in den Strophen verwendet?

_____

_____

[1] *der Astronom:* Astronomen erforschen den Weltraum.

4 Benenne die Stufen seiner Seiltänzerkarriere.

Strophe 2: *erfolgreicher Abschluss der Seiltanzschule* _____

_____

Strophe 3: _____

_____

Strophe 4: _____

_____

Strophe 5: _____

_____

Strophe 6: _____

_____

Strophe 7: _____

_____

Strophe 8: _____

_____

5 Vergleiche die erste und die letzte Strophe. In welchem Vers der letzten Strophe findest du einen Unterschied zur ersten Strophe? Schreibe die Zeilen auf.

Strophe 1: _____

Strophe 9: _____

6 Dem Seiltänzer ging es nicht um Ruhm und Geld. Ihm ging es um die Kunst.

a Beschreibe, was damit gemeint ist.

_____

_____

_____

_____

b Was treibt ihn an, immer besser zu werden? Schreibe deine Vermutung auf.

_____

_____

_____

_____

7 Findest du in dieser Ballade die drei auf S. 24 genannten Elemente einer Ballade?

lyrische Elemente: _____

_____

epische Elemente: _____

_____

dramatische Elemente: _____

_____

8 Informiere dich im Internet über eine Seiltänzerdynastie, deren Familienmitglieder seit über 100 Jahren mit Leidenschaft ihren Künstlerberuf ausüben.

> **Geschwister Weisheit - 120 Jahre Seiltanz aus Gotha**

9 Sprecht darüber, was Menschen dazu motiviert, Höchstleistungen zu erbringen.

10 Kannst du dir vorstellen, jeden Tag viele Stunden zu trainieren, um Leistungssportlerin oder Leistungssportler zu werden? Was wäre dein Lohn?

_____

_____

Weißt du, wo das Ruhrgebiet liegt?

Das Ruhrgebiet ist nach dem Fluss Ruhr benannt worden und liegt in Nordrhein-Westfalen. Es ist das am dichtesten besiedelte Gebiet in ganz Deutschland.

Das Ruhrgebiet ist bekannt für seine Kohleförderung; dort gab es viele Kohlebergwerke, auch Zechen genannt.

Sicher weißt du, dass der Kohleabbau umweltschädlich ist. Bei der Verbrennung von Braunkohle zur Energiegewinnung werden große Mengen von Kohlenstoffdioxid freigesetzt, die zur Erderwärmung und zum Klimawandel beitragen. Deshalb wird die Förderung von Kohle mehr und mehr verringert und soll auf lange Sicht ganz eingestellt werden. Übrig bleiben stillgelegte Zechen, wie die Zeche Zollern, die der Handlungsort der folgenden Ballade von Kristina Dunker (2015) ist.

1 Lies nun die Ballade „Verschollen auf Zollern" und überlege dir, weshalb sie den Untertitel „eine Gruselballade" trägt.

Kristina Dunker

Verschollen auf Zollern – eine Gruselballade

Zehn Kinder zogen zum Verstecken
Auf Zeche Zollerns Brachgelände[1].
Neun schwärmten aus in alle Ecken,
das Zehnte zählte brav zu Ende.

5 Und stand da. Wie ausgesetzt.
„Ich komme!", formten seine Lippen,
es klang ihm fremd und fast gehetzt.
Der Wind fuhr hart ihm in die Rippen.

Hoch über ihm schrie ein Scharnier[2].
10 Wo mochten wohl die Freunde kauern[3]?
Verboten war ihm Spielen hier!
Im Mäuschenschritt entlang der Mauern.

Die Halle: Steilwand, mächtig, rot.
Sein Turnschuh trat auf kichernd Glas.
15 Verlassen Ort, doch lang nicht tot,
mehr Löwenzahn als stumpfes Gras.

Was war da am geschwungnen Fenster,
verbarg die eisengrüne Ranke?
Nur Goldlicht oder gar Gespenster?
20 Verirr dich nicht, schoss ein Gedanke.

Er rief die Freunde. Drang da Lachen?
Wie viele Löcher, Gänge, Türen …
… wo drin Maschinenschädel wachen!
Er ließ sich von den Gleisen führen.

---

[1] *das Brachgelände:* verlassenes Industriegelände
[2] *das Scharnier:* Gelenk aus Metall
[3] *kauern:* am Boden hocken

25 Trät er daneben, fänd er nie …
Stürzt er in Schotter, wär's das Meer.
„Kommt bitte raus!" Der Junge schrie.
Von neunen sah er keinen mehr.

Und längs der Schutzbahn: Ölfees Teiche
30 Und Schlitzfraßfräsen[4], Buckeldrachen,
des blinden Grubenpferdes[5] Leiche,
der Schacht[6] – geöffnet wie ein Rachen.

Die Lore[7], schwarz, gebot ihm Halt.
Sie stoppte seine irre Hast.
35 Er kroch hinein, ihm war schweißkalt.
Und fuhr sie auch – er brauchte Rast.

Neun Kinder im Versteck verschwanden
Auf Zeche Zollerns Brachgelände.
Das Spiel hat einer nicht verstanden,
40 den suchten alle dann am Ende.

2 Erläutere, warum die Ballade gruselig ist.

[4] *die Fräse:* Werkzeug
[5] *das Grubenpferd:* früher im Bergbau eingesetzt, um Lasten zu ziehen
[6] *der Schacht:* senkrechte Grube, aus der Kohle befördert wird
[7] *die Lore:* Wagen auf Schienen, mit dem Kohle transportiert wird.

3 Nenne drei Metaphern, die die gruselige Stimmung dieser Ballade hervorrufen.

_____

_____

_____

4 Was mit einem harmlosen Kinderspiel beginnt, endet wie? Schreibe auf, was du vermutest. Besprich dich dann mit deinen Mitschülerinnen und Mitschülern.

_____

_____

5 Wer erzählt die Geschichte?

_____

6 Stell dir vor, du bist eines der Kinder, das an diesem Versteckspiel teilgenommen hat. Erzähle die Geschichte so, wie du sie erlebt hast. Schreibe in dein Heft.

7 Aus dieser Ballade lässt sich ein Theaterstück schreiben.

- Einigt euch darauf, wie die Geschichte enden soll; offen, wie in der Ballade? Soll es ein Happy End geben oder soll das Spiel ein tragisches Ende finden?

- Verteilt die Rollen und gebt euch Namen.

- Schreibt ein Drehbuch, unterteilt in verschiedene Szenen.

- Wer redet und was wird gesprochen?

- Spielt das Stück einer anderen Klasse vor.

Eine Ballade auswählen und vortragen

1 Zum Ende des Leseheftes sollst du dir *die* Ballade auswählen, die dir am besten gefallen hat. Schau dir dazu noch einmal das Inhaltsverzeichnis an.

Diese Ballade hat mir am besten gefallen:

Titel: _____

Autorin/Autor: _____

Erscheinungsjahr: _____

2 Lies deine Lieblingsballade einer Mitschülerin oder einem Mitschüler vor. Bereite dich gut vor:

– Welche Wörter willst du betonen? (unterstreiche sie)

– Wo willst du laut und kräftig sprechen? (unterstreiche doppelt)

– Wo wirst du leise und langsam sprechen? (unterstricheln -----)

– Markiere die Textteile mit wörtlicher Rede in verschiedenen Farben.

– Sprich die verschiedenen Rollen in unterschiedlichen Stimmlagen.

3 Beschreibe, warum dir gerade diese Ballade gefallen hat. Lag es an der Handlung, der Sprache oder …?

_____

_____

_____

_____

Balladenquiz

1 Teste dein literarisches Fachwissen:

Gedichtete Texte nennt man: L __ __ __ __

Erzählende Texte nennt man: __ __ __ k

Text mit verteilten Rollen: __ __ __ m __ __ __ __ __

Die einzelnen Abschnitte eines Gedichtes: __ __ __ __ __ p __ __ __

Die einzelnen Zeilen eines Gedichtes: __ __ __ s __

Gespräch zwischen zwei oder mehr Personen: __ i __ __ __ __ __

Selbstgespräch: __ __ __ o __ __ __

Sprachliche Bilder: M __ __ __ p h __ __ __

Verspottung einer Kunstrichtung: __ __ __ __ __ f __ __ g __

Veröffentlichte Schriften: L __ __ __ __ __ t __ __